## COUR DE CASSATION

Chambre des Requêtes

---

# MÉMOIRE

POUR LA FAMILLE

# DE MONTMORENCY

CONTRE

M. le Comte ADALBERT DE TALLEYRAND-PÉRIGORD

---

PARIS
IMPRIMERIE P.-A. BOURDIER ET Cie.
6, RUE DES POITEVINS, 6

1866

COUR DE CASSATION. — CHAMBRE DES REQUÊTES.

# MÉMOIRE AMPLIATIF

POUR

1° M. le prince de MONTMORENCY-LUXEMBOURG ;
2° M. le comte de MONTMORENCY-LUXEMBOURG ;
3° Madame la comtesse de LA CHATRE ;
4° Madame la marquise de BIENCOURT ;
5° Madame la duchesse de Fernando-Luis de LÉVIS-MIREPOIX ;
6° M. le comte de COSSÉ-BRISSAC ;
7° M. le duc de DOUDEAUVILLE ;
8° M. de LA ROCHEFOUCAULD, duc de BISACCIA ;
9° M. le marquis de MORTEMART ;
10° M. le duc de ROHAN-CHABOT.

CONTRE

M. le comte Adalbert de TALLEYRAND-PÉRIGORD.

## FAITS.

I. M. le comte Adalbert de Talleyrand-Périgord a pris publiquement, dans le cours du mois de mai 1864, le titre de duc, le nom et les armes de la famille de Montmorency. Dès que les membres de cette famille ont connu cette usurpation, ils ont assigné M. de Talleyrand-Périgord devant le tribunal civil de la Seine, pour lui faire défendre de porter à l'avenir un nom patronymique et des armes qui sont leur propriété exclusive. A cette assignation, qui porte la date du 26 mai, M. de Talleyrand-Périgord a répondu, en faisant signifier aux exposants, le 8 juillet, par acte d'avoué à avoué, un décret impérial daté du 14 mai 1864, et non encore inséré au *Bulletin des Lois*. Voici les termes de ce décret :

« **NAPOLÉON**, par la grâce de Dieu et la volonté nationale, Empereur des Français ; à tous présents et à venir, salut.

« Vu la requête présentée au nom de M. de Talleyrand-Périgord (Nicolas-Raoul-Adalbert), né à Paris le 22 mars 1837, tendant à obtenir la concession du titre héréditaire de duc de Montmorency, conféré suivant lettres patentes du roi Henri II, du mois de juillet 1551, transmis une première fois par le roi Louis XIV, en vertu de lettres patentes du mois d'octobre 1689, à Charles-François-Frédéric de Montmorency-Luxembourg, prince de Tingry, — une seconde fois par le roi Louis XV, par lettres patentes de décembre 1767, à Anne-Léon de Montmorency, marquis de Fosseux, « et à ses enfants mâles à naître et descendants de mâles en mâles en légal mariage, » et recueilli en 1846 par son oncle maternel M. Louis-Raoul-Victor, dernier descendant mâle du marquis de Fosseux, décédé sans postérité le 18 août 1862, en la personne duquel s'est éteint le titre de duc de Montmorency ;

« Vu l'avis émis par le Conseil du sceau des titres, sur le rapport de notre garde des sceaux, ministre secrétaire d'État au département de la justice et des cultes,

« Avons décrété et décrétons ce qui suit :

« Art. 1ᵉʳ. Nous concédons à M. de Talleyrand-Périgord (Nicolas-Raoul-Adalbert), pour en jouir lui et sa descendance directe, légitime, de mâle en mâle par ordre de primogéniture, le titre de duc de Montmorency, qui s'est éteint en la personne de son oncle maternel M. Anne-Louis-Raoul-Victor, décédé sans postérité, le 18 août 1862.

« Art. 2. Le titre de duc de Montmorency ne sera porté par M. de Talleyrand (Nicolas-Raoul-Adalbert) et l'ampliation du présent décret ne lui sera délivrée qu'après payement des droits de sceau attachés à la collation dudit titre.

« Art. 3. Notre garde des sceaux, ministre secrétaire d'État au département de la justice et des cultes, est chargé de l'exécution du présent décret. »

Les exposants ont soutenu que ce décret, rendu sans l'accomplissement des formalités prescrites par la loi du 11 germinal an XI, ne pouvait avoir pour effet de faire attribuer à M. de Talleyrand-Périgord le nom patronymique de Montmorency, mais uniquement le titre de duc dont la collation rentre dans les attributions souveraines du chef de l'État ; ils ont en conséquence demandé au tribunal de retenir la cause et de statuer, sans s'arrêter à l'exception proposée, sur la question de propriété dont il était saisi.

Le tribunal de la Seine a, contrairement à ces conclusions, accueilli les prétentions de M. de Talleyrand-Périgord, et s'est déclaré incompétent par un jugement du 3 février 1865, dont voici les termes :

« Le tribunal,

« Après en avoir délibéré conformément à la loi ;

« Attendu que les demandes en intervention ne sont pas contestées en la forme ;

« Que, d'une autre part, elles sont en état, et qu'ainsi il convient de les joindre à la demande principale et de statuer par un seul jugement ;

« Au fond :

« Attendu que les demandeurs concluent à ce qu'il soit fait défense au comte de Talleyrand-Périgord de prendre le nom et de porter les armes du feu duc de Montmorency ;

« En ce qui touche le nom :

« Attendu qu'il résulte d'une façon certaine du dispositif, et particulièrement du préambule du décret du 14 mai 1864, que l'intention du souverain a été, non pas d'autoriser le comte de Talleyrand-Périgord à prendre le nom patronymique de Montmorency, mais de lui concéder, afin de perpétuer de glorieux souvenirs, le titre de duc de Montmorency qui venait de s'éteindre en la personne de son oncle maternel, décédé sans postérité le 18 août 1862 ;

« Attendu que les demandeurs soutiennent que le décret conçu en ces termes n'a pu, en conférant un titre de noblesse, affecter à ce titre le nom patronymique porté par leur famille et qui n'appartient pas au comte de Talleyrand-Périgord ;

« Attendu que le tribunal n'a pas juridiction pour connaître de cette difficulté, et que son incompétence est rigoureuse, absolue et d'ordre public ;

« Qu'en effet, si les tribunaux de droit commun ont le devoir d'apprécier la légalité d'un décret lorsqu'il statue sur une matière spécialement confiée à leur vigilance et à leur protection, il n'en est pas ainsi quand il s'agit d'un décret dont l'objet ressortit exclusivement des attributions constitutionnelles du chef de l'État ;

« Attendu que le décret qui octroie au comte de Talleyrand-Périgord le titre de duc de Montmorency est un acte de la puissance souveraine, contre-signée par l'un des ministres et qui rentre dans les prérogatives essentielles de la couronne ;

« Attendu que le décret n'est par conséquent pas susceptible d'une discussion juridique devant les tribunaux civils, et que ceux-ci ne pourraient en apprécier le mérite sans enfreindre les principes du droit public sur lesquels repose la séparation des divers pouvoirs de notre ordre social ;

« Attendu, au surplus, que lors même que le décret du 14 mai 1864 contiendrait, ainsi que le prétendent les demandeurs, séparément de la collation du titre de duc, l'autorisation au comte de Talleyrand-Périgord d'ajouter à son nom celui de Montmorency, le tribunal serait encore incompétent, puisqu'il est de principe qu'un semblable décret n'est jamais rendu que sous la réserve des droits des tiers ;

« Attendu que le tribunal ne pourrait avoir juridiction que dans le cas où il serait saisi d'une demande tendant à empêcher un tiers de prendre un nom appartenant à une famille, alors que ce tiers ne produirait, à l'appui de sa prise de possession, aucun titre émané de la puissance souveraine, mais qu'il ne peut en être ainsi lorsqu'un acte de cette nature est produit ;

« Qu'en effet les noms constituent une propriété d'une espèce particulière, laquelle est spécialement réglementée par la loi de germinal an XI et qu'aux termes de l'article 7 de cette loi, c'est devant le conseil d'État, dans l'année qui suit l'inscription au *Bulletin des lois*, que toute personne ayant droit au nom concédé est autorisée à se pourvoir pour obtenir la révocation du décret;

« Attendu que, s'il est opposé que le comte de Talleyrand-Périgord n'aurait pas rempli les formalités de publicité qui doivent suivre une demande tendant à l'addition ou au changement d'un nom, cette objection est sans fondement par rapport à la compétence, le tribunal ne pouvant pas plus apprécier la forme que le fond du décret lorsqu'il est saisi par une personne à laquelle il ferait grief;

« En ce qui touche les armes :

« Attendu que le comte de Talleyrand-Périgord soutient que le décret du 14 mai 1864 lui ayant concédé, comme neveu du dernier duc de Montmorency, le titre de duc de Montmorency, éteint par le décès du titulaire sans postérité, lui aurait nécessairement, quoique d'une façon implicite, concédé aussi les armoiries attachées à ce titre ;

« Attendu que cette difficulté rend nécessaire l'interprétation du décret et que le tribunal, incompétent pour en apprécier la légalité, est également incompétent pour l'interpréter ;

« Attendu qu'en effet il s'agirait ici d'une contestation élevée au sujet de l'exécution du décret, et que le tribunal n'a pas juridiction pour fixer la portée et les effets et pour régler l'exécution d'un acte fait par le chef de l'État dans la sphère des attributions spéciales à la souveraineté,

« Par ces motifs :

« Se déclare incompétent, renvoie les parties à se pourvoir ainsi qu'elles aviseront, et condamne les demandeurs aux dépens. »

Sur l'appel interjeté par les exposants, la Cour impériale de Paris a infirmé le jugement sur le chef relatif aux armoiries et l'a confirmé pour le surplus par un arrêt dont voici les termes :

« La Cour,

« Considérant que, sur les demandes formées le 26 mai 1864 par les appelants contre le comte Adalbert de Talleyrand-Périgord, tendant à ce qu'il lui fût fait défense de prendre à l'avenir le nom de Montmorency, ledit Adalbert de Talleyrand Périgord a rapporté un décret impérial du 14 mars 1864 qui, sur sa demande, lui a concédé le titre héréditaire de duc de Montmorency éteint en la personne de son oncle maternel, décédé sans postérité.

« Que depuis, et par nouvelles conclusions, les demandeurs ont requis qu'il fût interdit au défendeur de prendre les armes de la famille de Montmorency ;

« Que, sur ces demandes et conclusions, est intervenu le jugement dont est appel, par lequel le tribunal s'est déclaré incompétent ;

« Considérant que les demandeurs ont appelé de cette décision ; qu'ils soutiennent que les noms et armes, qui font le sujet de la contestation, constituent des droits de propriété placés dans les attributions des tribunaux ordinaires, qu'ainsi le tribunal était compétent ; qu'au fond : 1° le décret du 14 mars 1864 a concédé au comte de Talleyrand-Périgord le nom de Montmorency, ce que ledit décret ne pouvait faire dans la forme où il a été rendu ; 2° dans aucun cas ce décret ne pouvait lui concéder le titre de duc de Montmorency ; 3° enfin il ne lui a pas transmis les armes de la famille ;

« Sur la compétence :

« Considérant qu'il est incontestable que les noms, titres et armes constituent des propriétés, et que les difficultés qui s'élèvent à cet égard entre les justiciables doivent être réglées par les tribunaux ordinaires ;

« Mais que cette propriété, en suite de sa nature spéciale, est réglée par une législation particulière; que, notamment, la loi attribue, en ce qui la concerne, des pouvoirs très-étendus au chef de l'État ; qu'ainsi, dans les débats qu'elle fait naître, il est nécessairement invoqué plus qu'en tous autres des actes de l'autorité souveraine ou administrative;

« Considérant qu'ainsi les questions de compétence qui peuvent se présenter dans la cause ne naissent pas de ce que le principe de la propriété des titres et noms, ni l'autorité de la justice ordinaire sont mises en question, mais de ce que, des actes du pouvoir exécutif étant présentés, les juges ont à examiner dans ce procès, comme dans tout autre, s'ils doivent assurer l'exécution de ces actes ou les renvoyer devant une autre juridiction, soit pour leur interprétation, soit pour leur application ;

« Considérant que ce n'est qu'en examinant successivement les chefs de réclamations des appelants que cette appréciation peut être faite;

« Sur le premier chef :

« Considérant que les appelants demandent qu'il soit interdit à l'intimé de porter le nom de Montmorency ; que ledit intimé a toujours déclaré et déclare encore qu'il n'entend point porter ce nom, et qu'il n'y prétend aucun droit ; que, dans cette situation, il est juridique de reconnaître que, sur ce point, il est souscrit à la demande, et qu'il n'y a rien à statuer;

« Considérant que les appelants ajoutent que le comte de Talleyrand-Périgord a obtenu un décret qui lui a concédé le nom de Montmorency, qu'il doit être assujetti à renoncer à l'exécution dudit décret, lequel a été rendu en dehors des règles posées par la loi du 11 germinal an XI;

« Considérant, à cet égard, que le décret du 14 mars, tant par les termes de son préambule que par ceux de ses dispositions, exclut une transmission de nom ;

« Qu'il confère un titre pour en jouir de mâle en mâle, par ordre de primogéniture, ce qui rend impossible toute confusion avec un nom patronymique, lequel se transmet à toute la descendance ;

« Que c'est précisément parce qu'il s'agissait d'accorder, non pas un nom, mais un titre, que le pouvoir qui avait le droit incontestable de donner le nom par un décret rendu dans une forme déterminée, n'a pas suivi cette voie et a statué suivant les règles admises pour la collation des titres ;

« Considérant qu'ainsi, à la demande formée contre le comte Adalbert de Talleyrand-Périgord, tendant à ce qu'il lui soit enjoint de ne point prendre le nom de Montmorency, il répond qu'il reconnaît n'y avoir aucun droit, et que d'ailleurs le décret rendu sur sa demande ne le lui concède pas ;

« Considérant qu'en cet état les conclusions des appelants paraissent sans objet ; mais qu'ils articulent que, dans l'usage et par un abus trop ordinaire, un titre suivi d'une qualification devient, pour celui qui l'a obtenu, l'équivalent d'un nom et arrive en fait au même résultat, la qualification du titre étant facilement substituée au nom patronymique ;

« Considérant que de l'abus possible d'un droit il ne peut être conclu contre le droit lui-même ; que certaines habitudes du monde ne peuvent modifier devant les tribunaux les conséquences d'un titre légal ;

« Considérant qu'étant reconnu en fait que le décret du 14 mars 1864 n'a point concédé un nom patronymique, il ne devait point être rendu dans les formes prescrites par la loi du 11 germinal an XI, laquelle ne dispose que pour les changements ou additions de noms ;

« Sur le deuxième chef :

« Considérant qu'il est soutenu par les appelants que le décret de 1864 ne pouvait conférer le titre de duc de Montmorency, à moins que le titulaire ne portât déjà le nom de Montmorency; que, s'il a été fait autrement par les anciens rois, c'est qu'alors la possession du fief justifiait la qualification territoriale, ce qui aujourd'hui n'est plus possible ;

« Considérant qu'il est incontestable que les rois de France concédaient et relevaient des titres avec leurs dénominations territoriales, sans avoir égard au nom patronymique du titulaire ; que cela a eu lieu notamment pour le titre même de duc de Montmorency transmis à un prince de Condé ;

« Que, depuis la suppression des fiefs, les pouvoirs monarchiques ont constamment usé du droit de relever les titres éteints, voulant ainsi, en perpétuant des dénominations illustres, maintenir entre le passé et le présent une chaîne de grands souvenirs et faire durer à la fois l'éclat des familles et celui des faits mémorables qui sont la gloire de la patrie ;

« Considérant que dans l'exercice de ce droit les actes des souverains sont placés hors de l'appréciation de la justice ordinaire ; qu'il pourrait s'élever devant les tribunaux une grave difficulté si l'exécution leur était demandée d'un décret accordant un nom et rendu en dehors des formes prescrites par la loi du 11 germinal an XI ; mais qu'il n'en est pas ainsi quand il s'agit d'un décret conférant un titre, lequel n'est point placé sous l'empire des dispositions de cette loi ;

« Que le décret du 14 mars, rendu par l'autorité compétente, régulier dans sa forme, ne peut, sous aucun rapport, être critiqué devant les tribunaux, lesquels sont tenus d'en assurer l'exécution ; que si les appelants trouvent qu'il leur fait grief, c'est à d'autres pouvoirs qu'ils doivent s'adresser ;

« Sur le troisième chef :

« Considérant que les armes d'une famille constituent pour elle une propriété ; que tous les jours la justice consacre au profit d'héritiers ou ayant droit le privilége exclusif des signes distinctifs adoptés par leurs auteurs ;

« Qu'il est impossible de ne pas reconnaître au moins un droit égal pour de nobles insignes portés pendant des siècles à la tête des armées du pays ;

« Considérant qu'on ne peut soutenir dans la cause que les armes sont un accessoire et une dépendance du titre ; qu'en effet la famille les possédait avant l'érection du duché ; que les armes sont l'attribut de toute la famille, auquel le titre de duc ne fait qu'ajouter, pour celui qui en est revêtu, le signe distinctif de cette dignité ;

« Considérant que le décret de 1864 ne constate point que le comte de Talleyrand-Périgord ait demandé ni obtenu de nouvelles armoiries ;

« Que la même raison qui fait restreindre l'effet de la concession au titre, parce qu'elle ne donne pas formellement le nom, conduit à reconnaître que les armes, dont il n'est pas fait mention, ne sont pas transmises, le silence du décret sur ces deux points ne pouvant avoir deux effets contradictoires ;

« Considérant que les tribunaux ont sans doute le devoir de renvoyer aux pouvoirs supérieurs et à l'administration l'interprétation de leurs actes, mais que le décret-loi du 1er mars 1808 dispose textuellement « que ceux auxquels l'Empereur concède un titre ne peuvent porter des armes qui ne leur sont pas conférées par les lettres patentes ;

« Que l'intimé ne justifie point desdites lettres ; qu'il y a dès lors de sa part absence de titre, par suite impossibilité d'interprétation et nécessité de statuer sur les conclusions des parties ;

« Considérant qu'ainsi le tribunal ne pouvait se déclarer incompétent, mais qu'au fond la cause, sur ce point, n'est pas en état ; que les prétentions de l'intimé à cet égard ne sont point nettement établies ;

« Dit qu'il a été bien jugé par la sentence dont est appel, en ce qu'elle a décidé que le décret du 14 mars 1864, conférant exclusivement un titre au comte Adalbert de Talleyrand-Périgord, le tribunal était incompétent pour connaître des griefs articulés par les demandeurs ;

« Met à néant pour le surplus ce dont est appel ; dit que le tribunal était, en l'état, compétent pour prononcer sur la demande relative aux armoiries, et pour y être statué renvoie devant le même tribunal composé d'autres juges ;

« Ordonne la restitution de l'amende ; compense les dépens de première instance et d'appel, le coût de l'arrêt demeurant à la charge des appelan »

C'est l'arrêt attaqué.

## DISCUSSION.

*Moyen unique tiré de la violation des règles de la compétence, de la fausse application de l'art. 13 du titre II de la loi des 16-24 août 1790 et du décret du 16 fructidor an III.*

II. M. de Talleyrand-Périgord, fils cadet de la sœur cadette du duc Raoul de Montmorency, mort en 1862, n'a jamais fondé sur un droit héréditaire ses prétentions au nom et aux armes de la famille de Montmorency. C'est uniquement d'une concession gracieuse du souverain qu'il s'est prévalu ; et c'est sur l'existence du décret dont il a réclamé le bénéfice que le tribunal et la Cour ont motivé leur déclaration d'incompétence.

L'objet de la demande était une question de propriété rentrant essentiellement dans le domaine des tribunaux civils. La famille de Montmorency déniait à M. de Talleyrand-Périgord le droit de prendre le nom de Montmorency et demandait qu'il lui fût fait défense de le porter à l'avenir. M. de Talleyrand-Périgord soutenait qu'un décret impérial l'autorisait à se faire appeler duc de Montmorency. Si les tribunaux civils étaient compétents pour connaître d'une action tendant à faire respecter la propriété du nom (et leur compétence à cet égard n'a jamais été contestée), ils doivent l'être également pour apprécier la légalité et les conséquences juridiques de l'acte administratif invoqué par le défendeur.

Ce principe a été plus d'une fois consacré par la doctrine et par la jurisprudence. Il était constant dans l'ancien droit qu'aucun acte portant atteinte à des droits privés ne pouvait échapper au contrôle du pouvoir judiciaire, et les actes de la munificence royale qui conféraient des prérogatives ou des faveurs individuelles se terminaient invariablement par cette formule : « *Sauf notre droit en autre chose et l'autrui en tout.* » Le principe de la séparation des pouvoirs administratif et judiciaire proclamé par l'Assemblée constituante n'a pas enlevé aux droits des citoyens cette garantie essentielle. En vertu de cette règle de droit public, les tribunaux doivent s'abstenir lorsqu'on leur présente un acte administratif régulier et légal ; ils doivent surseoir à statuer en présence d'un acte administratif dont le sens est douteux, jusqu'à ce que l'administration elle-même ait déterminé le sens de cet acte ; mais lorsque l'acte invoqué devant eux est entaché d'illégalité ou d'excès de pouvoir, ils ont le droit et le devoir de le tenir pour non avenu et de l'écarter du débat. C'est ce que rappelle en des termes qui méritent d'être cités un arrêt de la Cour de Paris du 25 juillet 1836 (Sirey, 36, 2, 88), qui déclare expressément que, dans le cas d'une ordonnance royale statuant par voie réglementaire, « les tribunaux doivent examiner si cette ordon-
« nance est rendue dans les limites tracées par les lois et dans la vue

« d'en procurer l'exécution ; *que si l'ordonnance est contraire à la loi,*
« *les principes de notre droit public constaté par la jurisprudence la plus*
« *constante font un devoir aux magistrats, gardiens de la loi, de ne pas*
« *s'arrêter à une semblable ordonnance.* »

La Cour suprême a été elle-même plus d'une fois appelée à consacrer ces principes. Elle a constamment reconnu le droit des tribunaux correctionnels ou de police, d'apprécier la légalité des ordonnances ou des décrets en vertu desquels des poursuites sont exercées. (Cass., 27 janvier 1826 ; Sirey, *coll. nouv.* 8. 1. 268. 11 avril 1835 ; Sirey, 35. 1. 246. 13 décembre 1851 ; Sirey, 52. 1. 371). Elle a reconnu également aux tribunaux civils le droit d'apprécier la légalité des ordonnances ou des décrets dont les parties réclament le bénéfice, et qui sont invoqués contre elles dans des contestations engagées sur des intérêts privés. (Cass. 15 janvier 1829, 8 avril 1837 ; Sirey, 37. 4. 281. 13 mai 1840 ; Sirey, 40. 1. 536. 25 avril 1864 ; Sirey, 64, 1, 281).

Le droit des tribunaux, en pareil cas, ne se réduit pas à rechercher si la matière réglée par le décret qui leur est présenté rentre dans les attributions constitutionnelles du pouvoir exécutif. Ils ont encore le droit et le devoir, quel que soit l'objet du décret, de vérifier si les formalités légales exigées pour sa validité ont été remplies. C'est ainsi, par exemple, que la Cour suprême a jugé que des tarifs de péage, établis par une ordonnance royale, n'étaient pas obligatoires, par cela seul que l'ordonnance en question n'avait pas été rendue *en la forme des règlements d'administration publique.* (Cass., 14 juin 1844, Dalloz, *Rép.* v° *Règlement administratif,* p. 617.) C'est ainsi qu'elle a jugé que les tribunaux ne peuvent être tenus de prononcer l'expropriation pour cause d'utilité publique, quand les formalités prescrites par la loi pour la garantie des propriétés privées n'avaient pas été préalablement accomplies. ( 1864, Dalloz, 64. 1. 446).

III. Il ne peut en être autrement en matière de nom. Sans doute, aux termes de la loi du 11 germinal an XI, il appartient au chef de l'État d'autoriser les changements ou les additions de noms, et lorsqu'un changement de nom a été régulièrement autorisé, ce n'est que devant le conseil d'État que les intéressés peuvent porter leurs réclamations contre le décret d'autorisation. Mais la loi de germinal an XI suppose un décret régulier, précédé de l'insertion de la demande au *Moniteur* et rendu *le conseil d'État entendu* : et c'est uniquement contre un décret de cette nature qu'il ouvre aux intéressés la voie de l'opposition devant le conseil d'État. Si, au contraire, on invoque devant les tribunaux un acte irrégulier, tel qu'un simple arrêté ministériel ou un décret rendu en dehors des formes prescrites, les tribunaux n'ont pas à tenir compte de cet acte dénué de toute valeur légale, et ils doivent l'écarter du débat comme sans influence sur le procès dont ils sont saisis.

Un acte de cette nature ne saurait avoir pour effet de conférer à celui qui en réclame le bénéfice la propriété du nom qu'il s'attribue ; les tribunaux compétents, pour réprimer les usurpations de nom, ne cessent pas de l'être parce que l'usurpation cherche à s'abriter sous un acte sans valeur légale.

C'est ce que la Cour suprême a reconnu par un arrêt rendu le 22 avril 1846, dans les circonstances suivantes :

Une ordonnance royale du 1ᵉʳ mars 1819 avait autorisé la transmission à M. Terray des titres et *nom* de M. le vicomte de Morel-Vindé, son grand-père, en ces termes :

« Art. 1ᵉʳ. Les rang, titre et qualité de pair du royaume qu'il nous a plu d'accorder au vicomte de Morel seront transmis à notre amé Charles-Louis Terray, son petit-fils... Art. 2. Ledit Charles-Louis Terray joindra dans son nom propre celui dudit aïeul maternel, comme aussi il joindra dans son écusson à ses propres armes celles de son aïeul.... »

En vertu de cette ordonnance, et sur la demande de M. Terray, le tribunal de la Seine ordonna, par un jugement du 26 mars 1845, l'addition sur les registres de l'état civil du titre de vicomte de Morel-Vindé au nom de Terray. Personne ne réclama; mais d'office, et dans l'intérêt de la loi, le ministre de la justice déféra ce jugement à la Cour suprême pour excès de pouvoir : « 1° en ce que le tribunal avait autorisé le sieur Terray à prendre le titre de vicomte, bien qu'il n'eût rempli aucune des conditions prescrites par le décret du 1er mars 1808...; 2° en ce que le tribunal avait autorisé le sieur Terray à joindre à son nom celui de Morel-Vindé, sans avoir, au préalable, rempli les formalités voulues par les lois de la matière. »

La Cour, sur les conclusions conformes de M. le procureur général Dupin, statua en ces termes : « Attendu : 1° qu'aux termes de la Charte il n'appartient qu'à l'autorité royale de conférer des titres de noblesse...; 2° *que tout changement de nom ne peut être obtenu qu'en se conformant aux dispositions de la loi du 11 germinal an XI, qui exige l'intervention de l'autorité administrative;*

« Attendu que le jugement dénoncé reconnaît à Charles-Louis Terray : 1° le droit de prendre le titre de vicomte; 2° *celui d'ajouter à son propre nom le nom de Morel-Vindé, sans avoir au préalable rempli les formalités voulues...,*

« Annulle pour excès de pouvoir le jugement du tribunal civil de la Seine du 28 mars 1845. »

Dans l'espèce sur laquelle est intervenu cet arrêt, une ordonnance royale était invoquée; la Cour suprême n'a pas hésité à en rechercher la valeur légale, et c'est en se fondant sur l'irrégularité de cette ordonnance et sur l'inaccomplissement des formalités exigées pour les changements de noms qu'elle a cassé le jugement qui lui était déféré.

Cette jurisprudence condamne l'étrange doctrine admise par les pre-

miers juges, et d'après laquelle un décret impérial, contre-signé par un ministre, ne serait jamais susceptible d'une discussion juridique devant les tribunaux civils, « ceux-ci ne pouvant en apprécier le mé-
« rite sans enfreindre les principes du droit public, sur lesquels repose
« la séparation des divers pouvoirs de notre ordre social; » elle condamne spécialement l'application qu'ils ont faite de cette théorie aux questions de nom, lorsqu'ils ont jugé que les tribunaux civils sont tenus en cette matière de s'abstenir dès qu'un décret leur est présenté, alors même que ce décret a été rendu en dehors des formes prescrites par la loi de germinal an XI, « les tribunaux ne pouvant pas plus ap-
« précier la forme que le fond d'un semblable décret. »

IV. Cette doctrine, les exposants se hâtent de le reconnaître, n'a pas été acceptée sans atténuation par l'arrêt attaqué; cet arrêt proclame en termes formels que les difficultés qui s'élèvent sur la propriété des noms, titres et armes, doivent être réglées par les tribunaux ordinaires, et que, lorsque des actes du pouvoir exécutif sont invoqués, les juges ont à examiner s'ils doivent assurer l'exécution de ces actes ou les renvoyer devant une « autre juridiction, soit pour leur interprétation, soit pour
« leur application; » il reconnaît « qu'il pourrait s'élever devant les tri-
« bunaux une grave difficulté, si l'exécution leur était demandée d'un
« décret accordant un nom et rendu en dehors des formes prescrites
« par la loi du 11 germinal an XI. » Mais il écarte cette difficulté, en soutenant que le décret invoqué par M. de Talleyrand-Périgord a eu pour objet, non de lui conférer un nom, mais de lui conférer un titre, et qu'il rentre en conséquence dans les prérogatives du chef de l'État.

On ne conteste pas (et sur ce point, en effet, aucun doute ne saurait être élevé) que le nom de Montmorency soit le nom patronymique des exposants; mais on soutient que le titre de duc de Montmorency n'est

3

pour M. de Talleyrand-Périgord qu'une qualification héréditaire, qui ne saurait être confondue avec un nom patronymique.

La question ainsi posée n'est pas nouvelle, et les solutions qu'elle a reçues de la jurisprudence sont en contradiction absolue avec celle que lui donne l'arrêt attaqué. A l'arrêt précédemment cité de la Cour suprême du 22 avril 1846, il faut ajouter un arrêt plus récent rendu le 15 juin 1863, dans une affaire qui présentait avec l'espèce actuelle les plus frappantes analogies. M. Hibon avait demandé l'autorisation de prendre le nom de Brancas. Sur le refus qui lui en avait été fait, il s'était qualifié *duc de Brancas* et signait Hibon de Frohen, *duc de Brancas*, comme M. de Talleyrand-Périgord signe aujourd'hui Talleyrand-Périgord, *duc de Montmorency*. Assigné devant le tribunal civil par la famille de Brancas pour se voir faire défense de s'intituler à l'avenir duc de Brancas, M. Hibon a répondu, comme le fait aujourd'hui M. de Talleyrand-Périgord, qu'il n'élevait aucune prétention au *nom*, mais seulement au *titre*, à la *qualification* de duc de Brancas, sur laquelle reposait la grandesse espagnole, à laquelle il avait droit ; il ajoutait que la qualification et le nom ne produisaient pas les mêmes effets, n'étaient pas soumis aux mêmes règles de transmission, qu'il n'entendait en aucune façon prendre le nom de Brancas isolé du titre de duc, et que, si une loi abolitive des titres de noblesse venait à être rendue, en cessant d'être duc il cesserait de s'appeler Brancas. Les prétentions de M. Hibon ont été repoussées par la Cour de Paris, dans un arrêt dont il importe de rappeler les termes :

« Considérant, est-il dit, qu'en admettant même que le titre de
« grand d'Espagne fût reconnu au profit des intimés, il n'en résul-
« terait pas qu'ils puissent prendre le nom et le titre de duc de Brancas ;
« que le nom patronymique est la propriété d'une famille et ne peut, en

« l'état de la législation, être transporté à une autre famille sans les for-
« malités légales ; que les inductions tirées des brevets qui ont fondé la
« grandesse de Brancas et de ceux qui l'ont transmise à des collatéraux
« ne pourraient prévaloir contre la règle générale en ce qui concerne les
« noms;
 « Considérant que c'est dans cette pensée que le ministre de la justice
« a refusé à Hibon le droit de prendre le nom de Brancas et *qu'on ne
« peut éluder cette décision sous prétexte que le titre de duc de Brancas serait
« une qualification ;* QU'EN EFFET UNE QUALIFICATION QUI SERAIT HÉRÉDITAIRE
« PRODUIRAIT EN RÉALITÉ LE MÊME RÉSULTAT QU'UNE DÉNOMINATION. »

M. Hibon s'est pourvu contre cet arrêt : il a invoqué, entre autres moyens de cassation, la violation prétendue du principe de la séparation des pouvoirs. La Cour suprême, par un arrêt du 15 juin 1863, a rejeté ce pourvoi et affirmé la compétence exclusive des tribunaux civils en ces matières. (Sirey, 1863, p. 281.) « Peu importe, dit avec raison l'arrêt qui rapporte cette importante décision, que le nom puisse se rattacher à une qualification nobiliaire, la qualification nobiliaire se confondant alors avec le nom. »

Les mêmes principes doivent, dans la cause actuelle, conduire à la même solution.

M. de Talleyrand-Périgord, dit l'arrêt attaqué, ne prétend pas au nom de Montmorency ; le décret dont il se prévaut ne lui confère pas ce nom : le titre de duc de Montmorency est une qualification honorifique transmissible de mâle en mâle par ordre de primogéniture, « ce qui exclut
« toute confusion avec un nom patronymique, lequel se transmet à toute
« la descendance. »

Cette distinction prétendue entre le nom et le titre à raison des différences qui existent entre le mode de transmission de l'un et le mode de transmission de l'autre n'a pas arrêté la Cour suprême dans l'affaire de Brancas. Elle ne saurait lui paraître plus sérieuse aujourd'hui. Si M. de Talleyrand-Périgord n'entend transmettre le *titre* de duc de Montmorency qu'à l'aîné de ses enfants et de mâle en mâle, il en résulte que l'usurpation du nom sera partielle et limitée, mais non qu'elle n'existe pas. Aucune des dispositions de la loi de germinal an XI n'interdit au Gouvernement de concéder un nom à un particulier personnellement, sans que ce nom soit transmissible à sa descendance. Dans l'hypothèse d'une concession de ce genre, serait-on fondé à dénier aux tiers, dont le nom aurait été ainsi concédé, le droit de former opposition au décret? Il est de principe que les autorisations de changer de nom ne profitent qu'à l'impétrant lui-même et à ses enfants à naître. (Cormenin, v° *Nom*, p. 281.) Si les enfants déjà existants négligent de faire pour leur compte les mêmes demandes, le père seul recueillera le bénéfice de la concession, et aucune transmission n'aura lieu. Les tiers intéressés perdront-ils le droit de s'opposer à cette concession, parce qu'en fait elle aura été limitée à un seul titulaire? Personne ne le prétendrait à coup sûr, et de ce que l'usurpation est moins durable et le préjudice moins étendu, on ne saurait conclure qu'il n'y a ni préjudice ni usurpation.

V. Ce qu'attribue à M. de Talleyrand-Périgord le décret dont il réclame le bénéfice n'est donc autre chose que le nom patronymique de Montmorency : et le fait que ce nom s'est trouvé incorporé à un titre nobiliaire dans le contexte de ce décret ne peut exercer aucune influence ni sur le fond du droit, ni sur les règles de la compétence. Les *titres indivisibles*, dont on a cherché dans l'intérêt de M. de Talleyrand-Périgord à formuler la théorie, n'ont eu d'existence ni dans notre ancien droit, ni dans notre législation moderne, et il est nécessaire de rappeler les véritables principes en matière de titres et de noms pour dissiper la confusion dans laquelle est tombé l'arrêt attaqué au sujet du droit qu'aurait eu, suivant lui, le pouvoir monarchique, à toutes les époques de notre histoire, de « relever les titres éteints. »

Ce qu'il importe avant tout de rappeler comme un principe fondamental de notre ancienne législation, c'est que les noms étaient la propriété inviolable des familles, et que le roi ne pouvait permettre un changement ou une addition de nom que sous la réserve du droit des tiers.

« Quand les lettres patentes, dit Denisart (v° *Nom*, 14 et 15), per-
« mettent à quelqu'un de porter le nom et les armes d'une maison dont
« il n'est pas sorti par les mâles, s'il subsiste encore des mâles de la
« maison dont le nom est ainsi communiqué, ils peuvent s'opposer à
« l'enregistrement des lettres, parce qu'en les accordant le roi n'entend
« pas préjudicier aux droits des tiers. Il y a sur cela des lois précises
« dans le Digeste... D'ailleurs on trouve dans presque toutes les lettres
« cette clause de style : *Sauf notre droit en autre chose et l'autrui en tout...*
« Mais lorsque, comme dans celles accordées à Antoine de Blanchefort,
« il y a une défense expresse aux mâles de la famille de s'opposer à l'en-
« registrement, alors ils ne peuvent pas en empêcher l'effet, *parce que le
« roi est maître de déroger sur cela au droit général du royaume.* »

Ainsi, en principe, l'autorisation de changer de nom restait sans effet quand il existait des héritiers mâles du nom concédé qui s'opposaient à l'enregistrement des lettres patentes. Ce fut notamment ce qui arriva sous le règne de Louis XI pour le nom de Rochechouart. Anne, vicomtesse de Rochechouart, avait épousé Jean de Pontville, à la condition que ses enfants prendraient le nom et les armes de Rochechouart ; mais les héritiers mâles de la branche cadette formèrent opposition ; et le changement de nom stipulé dans le contrat resta sans exécution. Denisart indique, il est vrai, que dans certains cas la résistance des héritiers mâles était paralysée par une *inhibition* formelle du roi, ainsi que cela eut lieu pour la concession à Antoine de Blanchefort du nom et des armes de la maison de Créqui. Le roi en pareil cas agissait comme souverain législateur ; il exerçait une des prérogatives les plus considérables et les plus contestées du pouvoir absolu ; nul ne songerait sans doute à la faire revivre aujourd'hui!

En dehors de ces inhibitions, que beaucoup d'interprètes de notre ancien droit public considéraient comme de véritables coups d'État, on ne citerait peut-être qu'un seul exemple d'un nom passé d'une famille dans une autre malgré l'opposition de ceux à qui ce nom appartenait. Nous voulons parler de l'arrêt du conseil rendu en 1683, dans le procès entre le prince de Guéménée et le duc de Rohan. Sans exposer l'origine et les détails de cette affaire, il suffit de constater, d'après le récit détaillé qu'en donne Saint-Simon, que, bien loin de soutenir que le roi avait le droit de disposer des noms à son gré, les membres du Conseil, qui défendirent et firent consacrer les droits du duc de Rohan, insistèrent sur ce que le nom de Rohan était passé dans la famille de Chabot par une convention civile que le roi ne pouvait briser, et qu'avait d'ailleurs ratifiée pendant de longues années le consentement tacite de la famille de Rohan. Voici notamment quelle fut, d'après Saint-Simon, l'opinion émise par le duc de Bourgogne :

« ... Retombant après sur les nouvelles raisons que d'Aguesseau avait apportées, et l'autorisation du contrat de mariage par la signature du roi, il soutint les premières, mais il combattit cette dernière, *et il déclara qu'il ne croyait point que l'autorité des rois pût s'étendre jusque sur les lois des familles, qu'il ne tenait pour inviolables que lorsque, d'un consentement mutuel, elles avaient été faites par elles-mêmes, comme il était arrivé en celles dont il s'agissait, et* DE PLUS CONFIRMÉES PAR UNE EXÉCUTION AUSSI PAISIBLE ET AUSSI LONGUE. »

(*Mémoires de Saint-Simon*, t. V, p. 198.)

On peut donc poser comme un principe certain que, dans notre ancien droit comme sous la législation actuelle, le nom d'une famille ne pouvait être transmis à un étranger qu'autant qu'il était vacant, et qu'aucun de ceux qui le portaient ne protestait contre la concession projetée.

VI. Mais si le roi ne pouvait disposer d'un nom, propriété inviolable d'une famille, il pouvait disposer dans certains cas et il disposait en effet d'une baronnie, d'un comté, d'un duché. C'est ainsi que des lettres patentes, rapportées dans les considérants du décret qu'invoque M. de Talleyrand-Périgord, ont constitué, puis relevé le duché de Montmorency.

Un duché sous l'ancienne monarchie était, suivant la définition de Merlin, « une seigneurie considérable érigée en dignité et mouvante « immédiatement de la couronne. » Les duchés, étant les premiers fiefs du royaume, ne pouvaient exister sans lettres patentes d'érection, vérifiées par le Parlement; et aux termes de l'édit du mois de juillet 1566, il ne pouvait être fait aucune érection de terres et seigneuries en duché, comté ou marquisat, qu'à la charge de leur réunion à la couronne à défaut d'hoirs mâles. On comprend cette théorie dans la rigueur du droit féodal. Le duché simple et la duché-pairie tenaient du *fief* par la possession de la terre, de l'*office* par les grandes charges qui y étaient attachées. C'était un tout qu'il était impossible de scinder, et quand le fief, suivant la loi de succession de la province dans laquelle il était situé, sortait de la branche aînée à laquelle appartenait la dignité ducale, avec ses grandes charges de cour, le chef de la branche aînée ne recevait le titre de duc qu'à la charge de retirer des mains de l'héritier la terre érigée en duché. Ce fut ce qui arriva au dix-huitième siècle pour la terre de Sully, attribuée au comte d'Orval comme héritier le plus proche, tandis que la dignité de duc et pair était dévolue à Louis-Pierre-Maximilien de Béthune, chef de la branche aînée.

Ce qui, dans cette partie de notre ancienne législation, peut donner lieu à une certaine confusion, c'est que quelquefois le nom de seigneurie, qui était inséparable du fief et auquel par suite était attaché le titre, était en même temps le nom patronymique de la famille. Dans ce cas, si la seigneurie sortait de cette famille, celle-ci n'en conservait pas moins son nom patronymique : mais ce nom passait également comme nom de fief au nouveau titulaire de la seigneurie.

Ces règles trouvent leur application dans l'histoire même du duché de Montmorency. Les lettres patentes qui ont institué, puis relevé ce duché n'ont pas pour objet la collation d'un titre honorifique, mais l'érection d'un fief en duché-pairie. Le *nom* de Montmorency est le nom patronymique commun à toutes les branches de la famille. Le *duché* de Montmorency est attaché à la terre ; il devait, à l'origine, faire retour avec elle à la couronne.

Le Père Anselme, dans la notice qu'il consacre à la maison de Montmorency (*Hist. général.*, t. III, p. 551), s'exprime à ce sujet dans les termes suivants :

« Montmorency, petite ville de l'Isle-de-France, située sur une colline
« à quatre lieues de Paris, a donné son nom aux seigneurs de Mont-
« morency, a porté le titre de baronnie de temps immémorial... Elle fut
« érigée en duché-pairie en faveur d'Anne, baron de Montmorency, con-
« nétable et grand maître de France et de ses hoirs et successeurs mâles,
« par lettres du roi Henri II, données à Nantes au mois de juillet 1551...
« Le même roi donna d'autres lettres au mois de septembre de la même

« année, registrées le 4, pour en distraire la seigneurie d'Écouen, qui
« y avait été unie par les précédentes. »

Voici d'ailleurs les termes mêmes des lettres d'érection :

« .... Laquelle baronnie avec les fiefs qu'en tient et possède notredit
« cousin, étant ainsi réduite et augmentée par le moyen desdites adjonc-
« tion, union et incorporation, avons créé et érigé, créons et érigeons
« en titre, nom, dignité et prééminence de duché et pairie de France,
« voulons et nous plaît *lesdites baronnie, terres et seigneuries être doré-*
« *navant dites et appelées duché et pairie*... »

A la mort de Henri II, duc de Montmorency, décapité à Toulouse par ordre de Richelieu, les *terres et seigneuries* qui constituaient le duché de Montmorency furent réunies à la couronne. Ce duché se trouvait ainsi éteint; mais Louis XIII, par lettres patentes du mois de mars 1633, en concédant aux sœurs du dernier duc les biens confisqués sur leur frère, érigea de nouveau en duché-pairie *la terre de Montmorency avec les terres unies et incorporées à icelle* (à la réserve de la terre, seigneurie et justice de Chantilly), en faveur de Henri de Bourbon, prince de Condé, et de Charlotte-Marguerite de Montmorency, sa femme, leurs hoirs et successeurs mâles et femelles. La seule transmission à la princesse de Condé des biens confisqués avait fait passer entre ses mains la seigneurie de Montmorency. L'effet des lettres patentes de 1633 est d'ériger de nouveau cette seigneurie en duché.

Quelques années plus tard, au mois de mai 1688, un des membres de la famille de Montmorency, Charles-François-Frédéric de Montmorency-Luxembourg, prince de Tingry, sollicita l'érection de sa terre de Beaufort en duché : il obtint du roi, avec le consentement du prince de

Condé l'autorisation de changer le nom de cette terre en celui de Montmorency, tandis que la duché-pairie, conférée au prince de Condé par les lettres patentes de 1633, prendrait elle-même le nom d'Enghien. Il est essentiel de remarquer dans quelles conditions cette double transformation s'est opérée ; le fief forme si bien portion intégrante et essentielle du duché que, pour que le duché de Beaufort se transforme en duché de Montmorency, et le duché de Montmorency en duché d'Enghien, il faut que les deux petites villes capitales de ces deux duchés changent elles-mêmes de nom. Voici, en effet, les termes des lettres patentes du mois de mai 1689, qui consacrent la transformation du duché primitif de Montmorency en duché d'Enghien :

« ... A présent que notredit cousin le prince de Condé a bien voulu
« consentir, en faveur de notre cousin Charles-François-Frédéric de
« Montmorency-Luxembourg, que le duché de Beaufort portât à l'avenir
« le nom de Montmorency ; notredit cousin, le prince de Condé, nous a
« très-humblement supplié de changer le nom dudit duché et pairie de
« Montmorency, *dont il est propriétaire et possesseur*, en celui d'Enghien.
« ... A ces causes, voulant toujours donner des marques de notre
« estime à notredit cousin, le prince de Condé, de notre grâce spéciale
« pleine puissance et autorité royale, nous avons changé et commué,
« changeons et commuons par ces présentes signées de notre main *le
« nom dudit duché et pairie en duché et pairie d'Enghien*, et voulons que
« *la ville de Montmorency*, qui est la capitale dudit duché, *soit appelée
« Enghien.* »

Le second duché de Montmorency, comme le premier, était *femelle*, c'est-à-dire pouvait passer par mariage dans une nouvelle famille. Ce fut ce qui arriva en 1767, lorsque Anne-Charlotte de Montmorency-Luxembourg, fille unique et héritière du duc de Montmorency, porta le duché à son cousin, Anne-Léon de Montmorency, marquis de Fosseux; cette transmission par les femmes devait être la dernière, en vertu de l'édit de 1711, qui avait supprimé pour l'avenir les duchés femelles : elle fut ratifiée par des lettres patentes dont voici les termes :

« ... Le mariage de notre très-cher et bien-aimé cousin Anne-Léon
« de Montmorency, chef des nom et armes de sa maison, avec notre
« très-chère et bien-aimée cousine Anne-Charlotte de Montmorency-
« Luxembourg, ayant été proposé, nous avons été déterminé, par les
« motifs les plus pressants, à y donner notre agrément. Ledit sieur mar-
« quis de Fosseux est destiné à être le chef de cette maison, qui, par la
« très-grande ancienneté de sa noblesse, l'éclat de ses alliances, les
« grands hommes qu'elle a produits et les dignités éminentes dont ils
« ont été revêtus, est une des plus illustres de notre royaume ; d'autre
« part, ladite demoiselle, née de la même famille, est la fille aînée d'une
« branche à laquelle le mariage de François-Henri, comte de Montmo-
« rency, duc de Luxembourg, pair de France, avec Madeleine-Charlotte-
« Bonne-Thérèse de Clermont-Luxembourg, ses trisayeux, a procuré
« l'avantage de représenter l'ancienne maison de Luxembourg qui, par
« le trône impérial qu'elle a occupé et le grand nombre de souverains
« qui en sont issus, a été une des plus distinguées de l'Europe.

« Nous avons jugé qu'il était de notre justice de confirmer en faveur
« dudit mariage et de continuer dans la personne de notredit cousin, le
« marquis de Fosseux, les titres et dignités dévolus à ladite demoiselle
« de Montmorency-Luxembourg par sa naissance...

« A ces causes, et autres grandes considérations à ce nous mouvant...,
« vu les lettres patentes données à Paris au mois de mai 1688..., l'acte de
« partage et délaissement et récompense par lequel, moyennant la

« récompense fournie à ladite demoiselle puînée, l'entière propriété dudit
« duché de Montmorency est restée à ladite demoiselle de Montmorency-
« Luxembourg aînée, passé devant les mêmes notaires de Paris, le
« 20 dudit mois de septembre...

« Nous avons, par notre grâce spéciale, pleine puissance et autorité
« royale, confirmé, approuvé et ratifié, confirmons, approuvons et rati-
« fions par ces présentes, signées de notre main, ledit contrat de
« mariage...; et en outre... avons confirmé et continué, confirmons
« et continuons, en la personne dudit sieur marquis de Fosseux, ledit
« duché héréditaire de Montmorency...

« A défaut d'hoirs et descendants mâles, lesdits titres et dignités
« demeureront *éteints*, et les terres et seigneuries qui en dépendent
« retourneront au même et semblable état où elles étaient avant ladite
« érection, sans que *Nous ni nos successeurs rois puissions prétendre aucun*
« *droit et faculté de réunion dudit duché à notre couronne.* »

Cette dernière disposition mérite d'être signalée. Il en résulte que, par une dérogation aux principes de l'édit de 1556, le duché de Montmorency, à l'extinction de la descendance mâle, ne devait pas faire retour à la couronne. Au point de vue donc des principes mêmes de l'ancien droit, ce duché une fois éteint n'aurait pu être relevé, et la concession dont se prévaut aujourd'hui M. le comte de Talleyrand-Périgord aurait été impossible, même à l'ancienne monarchie.

VII. Ainsi, pour résumer sur ce point les principes de notre ancien droit, un duché n'était pas un titre, c'était un tout indivisible qui comprenait à la fois le titre, le fief et l'office. Avec la terre disparaissait le duché; c'était sur elle qu'il était constitué; elle faisait retour à la couronne avec le titre. Dans l'ancien droit, le souverain n'aurait pu conférer à un étranger le nom de Montmorency contre le gré des membres de cette famille ; mais il avait pu, conformément aux principes de la législation féodale, ériger en *titre, qualité, dignité et prééminence de duché et pairie de France*, au profit du prince et de la princesse de Condé, les *terres et seigneuries* confisquées sur Henri, duc de Montmorency, comme il avait, un siècle auparavant, pour la première fois, érigé en duché la *baronnie de Montmorency* avec les fiefs et arrière-fiefs qui lui étaient incorporés. Ce qui ressort de ce rapide aperçu historique, c'est que le fief sur lequel reposait le titre était le premier élément de « *cet assemblage de terre et d'office qui comprenait ce qu'on appelait un duché, un comté, une duché-pairie* (d'Aguesseau, 38e *plaidoyer*), et qu'à la différence de la grandesse espagnole, qui pouvait reposer sur un nom, les titres de notre ancienne noblesse ne pouvaient être isolés de la terre sur laquelle ils étaient constitués [1].

VIII. Cet état de choses finit avec la Révolution. Les lois abolitives de la féodalité supprimèrent, dans la nuit du 4 août 1789, la noblesse ter-

---

[1] « Le titre et le corps matériel d'une duché-pairie, écrivait Guyot dans son *Traité des fiefs*, ne font qu'un seul et même tout, un seul et même titre de duché-pairie sans distinction du titre ni du corps matériel du fief, parce que *le titre n'est formé qu'à cause du corps matériel* qui est d'une telle étendue, d'un tel revenu actuel lors de l'érection ; et que le corps matériel du fief n'est fait duché-pairie que par une union indissoluble et de fait de toutes ses parties qui doivent rester immédiatement tenues du roi... *Le titre et le corps d'une duché-pairie font deux corrélatifs qui ne peuvent subsister ni se concevoir l'un sans l'autre.* Il faut que tout le domaine qui a donné l'être à la duché-pairie sans le quel tout on n'aurait pas érigé la terre en duché-pairie, soit toujours réellement en la main du duc. »

Il existait, il est vrai, des *ducs sans duchés* ou ducs à brevet, dont le titre était purement personnel et viager, mais dont l'exemple ne peut être invoqué dans le débat actuel. Merlin (v° *Duc*) résume ainsi leur condition légale :

« Les ducs à brevet n'ont d'autres prérogatives que celles de porter le titre de duc et de jouir des honneurs attachés à cette qualité dans les maisons royales. Le titre de duc à brevet n'est qu'une grâce personnelle que le souverain accorde à un particulier ; *il s'éteint à la mort de celui qui a obtenu cette faveur.* »

*ritoriale ;* la noblesse *personnelle* survécut jusqu'à la loi du 19 juin 1790, qui abolit les titres honorifiques.

C'est cette noblesse toute personnelle qu'a rétablie le décret du 1er mars 1808. Les titres de duc, de comte, de baron, conférés par le premier Empire, n'ont pas d'autre caractère. Tantôt c'est un titre nu qui précède le nom patronymique de la personne à laquelle il est conféré. On crée un duc Cambacérès, un comte Mollien. Tantôt on joint au titre une dénomination qui rappelle une victoire, un pays conquis, une ville prise : on fait un duc de Vicence, un prince de la Moskowa, un duc de Dantzig. Des majorats sont attachés à ces titres pour en soutenir l'éclat : mais jamais, à la différence de ce qui se passait sous l'ancien régime, le titre n'est établi sur la terre majoratisée. Napoléon 1er a tenté, il est vrai, un retour plus marqué vers les institutions de l'ancienne monarchie : il a créé de grands fiefs héréditaires et reversibles à la couronne; il en a investi quelques-uns de ses maréchaux ou de ses grands dignitaires de l'Empire, tels que les ducs d'Istrie et de Dalmatie ou le prince de Bénévent. Mais tous ces fiefs étaient pris en pays conquis : aucun n'était créé sur le territoire français. Cette tentative de résurrection féodale est restée d'ailleurs, pour ainsi dire, à l'état de projet et n'a pas survécu au régime qui l'avait vue naître.

Sous la Restauration, sous le gouvernement de Juillet, sous le second Empire jusqu'à ce jour, ce sont exclusivement des *titres personnels* qui sont conférés. On crée un duc Decazes, un duc Pasquier, un duc de Persigny, en faisant précéder un nom patronymique d'une qualification honorifique; un duc d'Isly ou un duc de Magenta, en ajoutant à cette qualification une dénomination qui rappelle un glorieux fait d'armes. On n'imagine pas d'attribuer aux membres de la noblesse nouvelle soit d'anciens titres féodaux, soit les noms de familles existantes. Il ne faut pas perdre de vue d'ailleurs que ces dénominations attachées à des titres nobiliaires constituent elles-mêmes aujourd'hui de véritables noms patronymiques.

« On est parvenu, disait au siècle dernier l'Encyclopédie (v° *Nom*), à avoir trois sortes de noms :

« Le premier de baptême, qui est particulier à celui qui le porte ; le second de famille, qui est commun à toutes les personnes d'une même maison ; le troisième de seigneurie, qui est *réel* et dépendant de la chose, et qui par conséquent se perd par l'aliénation de la seigneurie. »

Aujourd'hui que ces noms *réels* de l'ancienne législation féodale n'existent plus, toutes les qualifications héréditaires, quelles que soient d'ailleurs leur origines, constituent des noms patronymiques personnels et soumis aux mêmes règles. C'est ainsi, par exemple, que les noms de Montebello, de Bellune, de Bassano, à la différence des noms de seigneuries sur lesquelles étaient établis les titres anciens, ont été portés par les cadets comme par les aînés, par les filles comme par les fils. C'est pour la même raison qu'après la suppression des titres de noblesse en 1848, ces dénominations, au lieu d'être enveloppées dans la même proscription que les qualifications nobiliaires dont elles étaient précédées, furent conservées à ceux qui en étaient revêtus et qui continuèrent à s'appeler d'Albuféra, de la Moskowa, de Rovigo, de même que le duc Raoul de Montmorency, en perdant le titre de duc, gardait, sans que nul pût le lui contester, le nom de Montmorency.

IX. La différence essentielle de l'ancienne législation et du droit actuel en ces matières ressort clairement des développements qui précèdent. Dans l'ancien droit comme dans le droit actuel, le nom patronymique *personnel* ne pouvait être attribué par le souverain à un étranger ; mais le nom *réel* de seigneurie pouvait être transporté d'une famille à l'autre AVEC LA TERRE A LAQUELLE IL ÉTAIT ATTACHÉ. Sous l'empire de nos lois actuelles, il n'existe que des noms *personnels;* tous sont à un égal degré la propriété inviolable des familles, et un nom patronymique ne peut être concédé comme l'accessoire d'un titre, pas plus qu'il ne pourrait être isolément conféré sans l'accomplissement des formalités prescrites par la loi de germinal an XI. C'est ce qui résulte des arrêts de la Cour suprême précédemment rappelés par les exposants : c'est ce qu'a reconnu le Conseil d'État (ord. 16 déc. 1831, *Lally*) ; c'est ce qu'enseignent les interprètes les plus autorisés de la législation spéciale, sur les titres et les noms.

M. Duvergier, dans ses annotations sur le décret du 8 janvier 1859, fait ressortir « la différence qui existe entre le pouvoir du souverain, « conférant des titres et des distinctions honorifiques, et celui en vertu « duquel il autorise les changements et additions de noms. Il est incon- « testable, ajoute-t-il, qu'après l'avis du Conseil du sceau le Conseil « d'État aura à statuer en vertu des attributions qui lui sont conférées « par la loi du 11 germinal an XI. »

M. le garde des sceaux, dans son rapport sur le même décret, reconnaît implicitement cette distinction et rappelle que l'autorisation du changement de nom doit être accordée *dans la forme des règlements d'administration publique.*

Ces principes ont reçu de nombreuses applications. Lorsqu'en 1824 le roi transmit au gendre du maréchal Moncey, M. Duchesne de Gillevoisin, le droit héréditaire à la pairie et au titre de duc, il lui imposa expressément l'obligation de remplir, quant au nom de Conégliano, les conditions énumérées aux articles 6 et 8 de la loi de germinal an XI (ordonnance royale du 20 octobre 1824). Quelques années plus tard, le dernier duc de Sabran voulut transmettre à son neveu le comte de Pontevès son nom avec son titre et sa pairie ; mais comme il existait un mâle du nom, le roi ne put conférer à M. de Pontevès que le titre et la pairie, et l'ordonnance royale du 18 juillet 1828 constate que, pour transmettre son nom à son neveu, M. de Sabran dut l'adopter.

Si, dans d'autres circonstances, un nom patronymique a été transmis du consentement de celui qui le portait et en l'absence de toute protestation de la part des autres membres de la famille, sans que les formalités prescrites par la loi de germinal an XI aient été observées, il n'est pas permis d'attribuer à cette irrégularité la valeur d'un précédent.

X. Les exposants étaient donc fondés à soutenir, en s'appuyant sur les principes incontestables de notre ancienne législation et de notre législation nouvelle, que le droit qui appartient au souverain de conférer un titre ne saurait, en dehors des formes spéciales applicables aux changements de nom, entraîner le droit de disposer même à titre accessoire du nom patronymique d'une famille existante. A ce point de vue, les tribunaux civils, seuls juges des questions de propriété en matière de nom, devaient maintenir, malgré le décret qu'on invoquait devant eux, leur compétence exclusive. Tenus de respecter les dispositions de ce décret relatives à la collation d'un titre nobiliaire, ils avaient le droit et le devoir de statuer sur la question dont ils étaient saisis, sans tenir compte de l'attribution irrégulièrement faite à M. de Talleyrand-Périgord du nom patronymique de Montmorency.

Par ces motifs, les exposants concluent à la cassation de l'arrêt attaqué.

Albert GIGOT,
Avocat à la Cour de cassation.

Paris. — Imprimerie de P.-A. BOURDIER et Cⁱᵉ, rue des Poitevins, 6.

www.ingramcontent.com/pod-product-compliance
Lightning Source LLC
Chambersburg PA
CBHW060709050426
42451CB00010B/1343